대기업 금융권 공공기관 교직원

20곳 이상
실제 면접후기

남에게 전해들은
얘기가 **아닌**
직접 면접장에서 겪은
생생후기

대기업, 금융권, 공공기관, 교직원 20곳 이상 실제 면접후기

발행 | 2023년 4월 26일
저자 | 이승도
편집·디자인·표지 | 이승도
펴낸이 |한건희
펴낸곳 | 주식회사 부크크
출판사등록 | 2014.07.15. (제2014-16호)
📍 서울특별시 금천구 가산디지털1로 119 SK트윈타워 A동 305호
✉ info@bookk.co.kr
📞 1670-8316

ISBN | 979-11-410-2603-5
www.bookk.co.kr

대기업
금융권
공공기관
교직원
**20곳 이상
실제 면접후기**

목
차

머리말

필자는 문과에서 이공계로의 직무 전환, 그리고 취업 및 이직을 준비하면서 사기업, 공공기관, 금융권 등 다양한 면접 경험 및 진로 경험을 쌓았습니다. 사실 면접준비에 대해서 여러 미디어 및 채널에서 면접을 잘 준비하는 방법에 대해 수많은 조언과 상담의 경로가 존재하지만, 필자를 포함한 많은 분들이 가장 궁금해하는 것은 실제 면접장 안에서 면접관과 면접자 사이에 어떤 대화가 오가느냐의 내용일 것이라고 생각합니다.

위에서 말씀드린 여러 미디어 및 채널의 수많은 전문가분들이 면접을 잘 보는 비법과 준비 방법에 대해 각자만이 가진 확신과 노하우에 따라 여러 좋은 조언들을 많이들 해 주시지만, 사실 사기업의 면접과 공기업의 면접, 금융권의 면접이 모두 다르며, 같은 사기업이라 할지라도 업종 및 직무에 따라 동일한 면접 비법이 때로는 독이 될 수도, 때로는 약이 될 수도 있다고 생각합니다. 하지만 그러한 면접의 실제 사례는 직접 면접장에 들어가보지 않고서는 알 수 없기에, 필자는 필자가 겪은 다양한 직무, 업종, 기업유형들에 대한 면접 후기를 직접 취준생 여러분들께 공유해드리고 싶어서 이 책을 집필하게 되었습니다.

이 책에 적은 모든 면접 후기는 필자가 대학을 갓 졸업하고 취업준비를 처음할 때부터 면접을 보고 귀가한 당일에 바로 정리한 후기들을 지금까지 보관하고 있던 자료입니다. 따라서 이 책의 모든 면접 후기는 필자가 직접 면접장에서 겪은 후기이며, 타인의 면접 경험을 참고하거나 전달한 내용이 없음을 명확히 다시 한번 말씀드립니다. 또한 제가 응시했던 모든 면접은 대졸공채 정규직 공채 또는 전환형(채용형)인턴 면접이었으며, 단순 체험형 인턴 면접 및 계약직 면접은 없음을 밝힙니다. 아울러 당시의 감정과 심경을 그대로 전달해드리기 위하여 최대한 당시 작성해두었던 원본의 어조와 내용을 보존하여 작성하려고 노력했습니다.

다양한 진로, 업종, 직무를 준비하시는 취준생 여러분에게 이 책이 조금이라도 마음의 위로와 위안이 되었으면 하는 바람입니다. 저도 겪었던 것처럼, 그 힘든 시기에는 따뜻한 말 한마디, 좋은 자료 하나가 마음에 너무나도 큰 응원이 될 수 있으니까요.

대기업 면접후기
LG그룹

2.1.1. LG CNS
Entrue 컨설팅

지원분야는 Entrue 컨설팅이었습니다. 면접시간은 총 20분입니다. 5분동안 PT를 하고 15분동안 인터뷰를 합니다. 이 단 20분으로 모든 당락이 결정됩니다. 5분 PT는 사전과제가 주어지고, 사전과제는 '나의 Selling Point'에 대해 발표하는 것입니다. PPT 슬라이드 5장 이내로 만들어가서 면접실에서 USB를 꼽고 파일을 열어 PT발표 후 인터뷰를 합니다.

인터뷰는 주로 PT발표 내용과 관련된 질문들이 대부분이었습니다.

- 컨설팅에 관심을 갖게 되고 지원까지 하게 된 계기가 무엇인가?
- 본인의 전공과 지원 직무인 컨설팅의 관계는?
- 컨설팅 분야 중 특별히 일해보고 싶은 분야가 있는가?
- 향후 컨설팅 사업이 성장성이 있다고 생각하는가?
- 다른 컨설팅 기업들이 어떤 곳들이 있는지 알고 있는가?
- 컨설팅 업무 수행에 대해 다른 지원자들은 관련 동아리 등 다양한 준비를 했는데 이와 차별화되는 본인의 강점은 무엇인가?
- 컨설팅 외에 다른 관심 있는 업종은 무엇인가? 다른 회사는 어떤 업종의 회사를 지원했는가?
- 해외시장에서 일하려면 영어실력이 좋아야 하는데 컨설팅 업무에서 비즈니스회화를 소화할 수 있는가?
- 제2외국어 가능한 언어는 있는가?
- 원하는 부문이 아닌 다른 부문으로 배치를 받게 되어도 괜찮은가?
- 향후 기업에서 이루고 싶은 본인의 목표가 무엇인가?
- 마지막 한마디 or 질문

PT와 무관한 질문 중에 기억나는 질문 몇 개를 적어보겠습니다.

면접비는 2만원 주더라구요.

2.1.2 LG 유플러스
B2C마케팅 상품기획

B2C마케팅 상품기획 직무로 지원했습니다.
LG유플러스는 신입사원을 인턴십으로만 채용합니다. 작년까지는 1, 2차면접을 나눠서 쳤지만 올해는 통합입니다.

직무별로 일자를 다르게 해서 면접을 보았는데 저는 B2C상품기획이었습니다. 시간대별로 조를 나눠서 진행하기 때문에 대기시간은 거의 없다고 봐도 됩니다. 금방금방 진행됩니다. 저는 9시10분조였고 제 앞에도 한 조가 있었습니다. 한 조당 8명이고, 저희 직무 선발인원은 아주 작은 두자리수라고 하더군요. 경쟁률은 안 알려주던데, 그전에 제가 지인을 통해 사전 입수한 정보로는 2:1~2.5;1 정도라고 합디다.

면접은 크게 임원진면접 40분, 실무진면접 40분으로 진행되는데, 임원진면접은 인성면접이고 실무진면접은 PT+인성면접입니다.

임원진면접은 4명씩 2조로 나눠서 동시에 진행됩니다.(면접실이 2곳)

자기소개를 준비해 갔는데 소용이 없더군요. 가자마자 펜과 도화지를 주고 인생그래프를 그리라고 합니다. 그리고 임원 인성면접때 1분자기소개를 그걸로 해야돼요.

저는 완전히 감을 잘못 잡았습니다.. 다른분들은 20대만 인생그래프를 그리고 활동이나 경험들을 쭉 써서 자기 경험과 역량을 어필하였는데,저는 아무 생각없이 0세부터 30세까지 그리고 중3때 인기많았고, 고딩때 살찌고 피부나빠졌고, 대학입학때 자신넘쳤고, 그 후 슬럼프 왔고.. 말그대로 성장과정을 그대로 얘기해버렸네요.. 역량 어필은 하나도 안 하고 뭐했던 건지..참 스스로도 한심하더군요.

어쨌든 그리고 40분간 이것저것 질문 받았습니다.
기억이 잘 안나지만.. 기억나는 질문을 몇 개 써 보면

- 본인의 장단점에 대해 말해보고, 이를 어떻게 활용할 것인지 말해보라.
  + 반박질문
- 상품기획이란 뭐라고 생각하는가?
- 기획해보고 싶은 상품이 있느냐?
- 최근에 써본 앱이 있느냐? 그 앱에서 좋았던 점과 안 좋았던 점은?
- 기존 M/S말고 신규시장에서의 유플러스의 M/S에 대해 알고 있는가?
- LG유플러스에 대해 하고 싶은 질문이 있느냐?
- 경하는 인물은?
- 마지막 한마디(공통질문)
- (돌발질문 : 가장 먼저 답한 사람에게 가점) 17개에 사과가 있는데 이를 3명에게 1/2, 1/3, 1/9씩 나눠주면 각각 몇 개씩 나눠줘야 하는가?

그리고 개인별로 자소서 기반 질문도 좀 있었습니다. 분위기는 압박은 거의 없었고 매우 친절하고 화기애애 했습니다.

그 다음은 실무진면접(PT면접)이었습니다.

8명이 동시에 진행합니다. 준비시간 40분 동안 4절지에 지필로 발표자료를 만듭니다. 펜은 빨강, 검정, 파랑의 네임펜이 많이 구비되어 있습니다.

문제는 비용분석과 사업결정에 대한 내용이었습니다.
제 지원 직무가 B2C상품기획이었던 만큼 그와 관련된 문제가 나왔습니다.

문) LG유플러스는 신규 LTE서비스를 개발하려고 한다. A솔루션과 B솔루션 두 개가 있는데, 비용부담이 크다. A솔루션은 B솔루션의 기능까지 일부 포함하고 있기 때문에 B솔루션이 없이 A솔루션만 있더라도 서비스 제공이 가능하다. 그런데 장기적으로 복잡하고 많은 서비스가 추가로 개발되면 B솔루션이 반드시 필요하다. 서비스의 신규 개발 여부는 매우 불확실하다.

A+B 동시 개발 : 비용 50억, 개발기간 4개월
A솔루션만 개발 : 비용 20억, 개발기간 4개월
B솔루션 추가 개발 : 비용35억, 개발기간 3개월
서비스 개발 : 비용 2억, 개발기간 3(or4)개월
서비스 영업이익 : 연간 3억

이 상황에서 당신이 사업결정권자라면 어떤 전략을 취하겠는가? 통신 시장의 상황과 기업상황을 토대로 발표해 보라.

통신시장의 상황에 대한 사전이해와 기업분석 공부가 잘 되어 있어야 답할 수 있었던 문제인거 같습니다. 유플 역시 사전 스터디를 5회 정도 한 것이 큰 도움이 되었네요.

그리고 면접시간은 40분입니다. 면접실이 8곳이라 8명이 1명씩 들어갑니다. 동시에 진행되고, 면접자 1명, 면접관 2명의 1대2면접입니다.
PT발표를 7분간 하고 그에 대한 질문이 13분, 인성면접이 20분동안 진행됩니다.
PT는 뭐 질문을 위에 썼으니 후기를 생략해도 될거 같고..
인성면접은 자소서 질문이 거의 대부분입니다. 꼬리물기 장난 아닙니다. 분위기 자체는 압박하는 분위기는 없고 친절하고 화기애애하게 진행됐으나 웃는 얼굴로 탈탈 털어주면서 멘붕을 유발하는.. 질문 내용자체가 압박입니다.. 꼬리물기가 너무 심해요.
거의100% 자소서 기반 질문이라고 보면 됩니다.

이렇게 두 종류의 면접을 끝으로 면접이 끝났습니다.
저는 정말 상상을 초월할 정도로 영혼까지 탈탈탈탈 털렸네요..
면접비는 2만원 주더군요.

2.1.3. LG 화학
영업·마케팅

공채·인턴 합쳐서 인적성을 840명 정도 본 것 같은데, 1차 면접 때 공채+인턴 합친 인원은 240명이었습니다. 제가 친 날 80명이 왔는데 총 3일 동안 진행됐거든요.

면접비는 3만원 주고, 사옥 식당에서 밥 먹을 수 있는 5천원 식권도 줍니다.

80명을 40명씩 2개조로 나눕니다. (A조, B조)
그리고 A조, B조를 각각 4명씩 10개조로 나눕니다.

면접은 4종류입니다. PT, 토론, 영어, 직무역량(인성)
PT와 토론을 묶어서 진행하니 실질적으로는 3종류라고 볼 수 있겠네요.
신체검사도 1차 면접때 진행하기 때문에 결국 4코스를 진행해야 합니다.

앞서 A,B조를 각 10개조로 나누었는데
A1~3조+B1~3조, A4~6조+B4~6조, A7~10조+B7~10조의 3그룹으로 묶어서 시간대를 나눕니다. 1그룹은 오전 11시에 모든 면접이 끝나고, 2그룹은 오후 3시, 3그룹은 오후 5시경 모든 면접이 끝납니다.

저는 1그룹이었습니다. 1그룹 내에서는 각각의 조 개별로 4코스를 번갈아가며 로테이션을 돌립니다. 한 조는 PT+토론을 먼저하면 다른 조는 영어를 먼저 하고 다른 조는 신검을 먼저 받는 그런 식..

저는 첫 번째 신검을 받았습니다. 혈압 좀 높게 나와서 다른 검사 다 받고 다시 재라고 하더군요. 색약검사, 혈압검사, 신장+체중, 청력, 소변, 혈액채취 등 그냥 평범한 신체검사입니다.

두 번째로 영어면접을 했습니다.

저희 조는 한명이 결시하여 3명이었습니다.

3:1로 진행되었고 면접관은 원어민이었습니다. 굉장히 가까운 거리에서 진행되었습니다.

전부 공통질문이었고, 상황설명 보다는 질문이 더 중요할 거 같아 질문만 쭉 쓰겠습니다.

- 고향에 대해 말해봐라.
- 학교와 전공에 대해 말해봐라.
- 한국에서 고쳐야 할 점은?
- (테이블 위의) 이 커피를 팔아봐라.
- 전공을 선택한 이유는?
- 지금 전공을 선택하지 않았다면 어떤 전공을 선택했을 것인가? 그 이유는?

저는 나름 막힌 거 없이 무난하게 잘 대답한 것 같습니다. 오픽을 준비했기 때문에 인터뷰식 회화에 어느 정도 자신이 있었고, 면접 전 4~5일간 진행했던 스터디에서도 연습을 했거든요.

다음은 PT-토론 면접이었습니다. 준비시간 20분이 먼저 주어지고, 문제를 받은 후 주어진 개인별 컴퓨터로 준비시간 20분 동안 PPT를 만듭니다. 인터넷은 사용 불가하고, 문제는 달랑 문제만 주어져 있고 별도 자료는 전혀 없습니다. 기업과 시장상황에 대한 사전이해가 필수적일 것 같습니다.

[PT문제]

LG화학은, 글로벌 탑 기술력을 가졌지만 침체중인 전방산업과 기술력은 미약하지만 향후 발전가능성이 높은 전방산업 중 어디에 집중해야 하는가? 본인의 생각을 말하시오.

저는 면접스터디를 통해 기업분석을 나름대로 철저하게 했던 터라 자신있게 금방 만들었습니다. 그 개별 조(저희 조는 3명)별로 면접실에 들어갑니다. 면접관은 2명입니다.

면접관 2명 뿐만 아니라 다른 조원 2명도 보는 자리에서 개인별로 돌아가면서 PT를 합니다. 제한시간은 3분입니다. 시간은 넘어가면 따로 경고 같은건 안하지만 경고 없이 체크하여 감점이 있다고 하더군요.

PT역시 면접스터디때 계속 준비했던 터라 만족스럽게 했던거 같습니다.

그리고 3명 발표가 모두 끝나고 토론을 합니다. 상대방 발표에 대한 반박이 오갑니다. 저희 조 어떤 한분은 굉장히 공격적이었어요. 보통 토론면접때는 논쟁의 승패보다는 태도나 자세를 중요시한다는데 그분은 굉장히 공격적으로 논쟁을 이기는데 온 힘을 쏟더라구요. 저는 둥글둥글하게 치고 왔는데 떨어졌으니 혹시 그분이 붙었을 지는 모르는 일입니다. 아마 떨어졌을 같지만..

그리고 마지막은 직무역량면접(실무진 인성면접)입니다. 평범한 경험 관련 질문들도 있었고 직무에 대한 질문들도 있었습니다.
제가 받은 질문과 다른 분이 받았던 질문까지 포함해서 질문을 적어볼게요.

- 1분 자기소개
- 영업이란 무엇인가?
- 영업에 가장 필요한 역량은?
- LG화학에 지원한 이유는?
- 삶에서 가장 기뻤던 경험과 슬펐던 경험은?
- LG트윈스가 현재 꼴찌인데 원인이 뭐라고 생각하는가? 본인이 감독이라면 어떻게 하겠는가?
- 회사에서 목표 100을 이뤄야 되는 상황인데 주변 여건과 상황이 좋지 않아 최선을 다해도80밖에 성과를 못 내는 상황이라면 어떻게 하겠는가?

압박 분위기는 전혀 없었고 전체적으로 화기애애한 분위기였습니다. 꼬리물기 같은 것도 없었습니다.

면접비는 3만원 주더군요.

기존에 1차, 2차로 나누어 쳤던 직무면접과 임원면접을 하루에 몰아서 치는 one-stop 방식으로 진행되었습니다. 전사직속-staff 부문은 재무/전략과 인사로 나누어 재무/전략을 한 날 치르고 인사를 다른 날 하루에 치릅니다. 재무/전략 면접대상자만 해도 30~35명 정도인 듯 하니 staff 부서를 다 합쳐서 한자릿수 뽑는 걸 생각하면 경쟁률은 최소 5:1~6:1정도로 꽤 높은 편인 것 같습니다.

대기실에서 던킨도넛과 던킨 아메리카노, 커피머신, 과자 등 다양한 다과가 준비되어 있었습니다. 담당 직원분들이 긴장을 풀어주기 위해 친절하게 얘기도 많이 해주시더라구요.

직무면접은 4:1(면접관 4명, 면접자 1명)으로 치러집니다. 다른 지원자 같은 경우엔 직무 관련 질문을 많이 했다고 하는데 저는 전략직무 관련 질문은 거의 못받았습니다. 전공이나 시사 관련 질문을 좀 받았네요. 20분 정도 진행됩니다.

받은 질문 목록
- 자기소개
- 종교는 없는가?
- 첫 인상이 자기만의 세계에 갇혀 있고 혼자 생각하는 걸 좋아할 것 같은데 실제로도 그런가? (뭥미..-_-)
- 부전공으로 국사학을 전공한 이유는?
- 우리나라 역사에서 존경하는 인물이 있다면? (이회영이라고 대답)
- 이회영이 전재산을 독립운동 지원에 투자한 이유가 무엇이라고 생각하는가? 독립후 지위를 보장받기 위해서인가? 아니면 애국심 때문인가?
- LG이노텍을 지원한 이유는?
- LG이노텍의 사업분야와 제품에 관해 알고 있는가?
- 기업의 사회적 책임과 이윤추구가 상충된다면 어떤 가치를 우선시해야 하는가?

- 전공 중에서 재미있게 들은 과목이 무엇인가? (게임이론이라고 대답)
- 게임이론에서 노벨상을 받은 인물과 그의 이론에 대해 알고 있는가? (존 내쉬-내쉬균형)
- 전략 직무에서 회계에 관한 지식도 필요한데 회계/재무 관련 지식이 있는가?
- 단통법에 대해 어떻게 생각하는가?
- 음주가무나 술자리에 대해 어떻게 생각하는가?
- 조선시대 자신의 아들을 죽인 왕이 두 명 있는데 이에 대해 어떻게 생각하는가?
- 인조에 대해 어떻게 생각하는가?
- 마지막 한마디 or 질문

임원면접은 4명이 1조가 되어 전무, 상무 1분씩 면접관 두 분과 4:2로 치릅니다. 큰 틀은 인성면접이었으나 꽤 까다로운 질문들이 있었습니다. 1시간 정도 진행됩니다.

받은 질문 목록 (타 지원자에게 질문한 것 포함)
- 자기소개
- LG이노텍에 지원한 이유는 무엇인가?
- 어려움을 극복하고 성공한 경험이 있는가?
- 부전공으로 국사학을 전공한 이유는?
- 자기주도적으로 일을 추진해서 성공한 경험이 있는가?
- 일만시간의 법칙이라는 말처럼 한가지 분야에 오랜 시간을 투자해 그 분야의 전문성을 기른 경험이 있는가?
- High Salary & Hard Work과 Low Salary & WLB(Work-Life Balance) 중 어떤 유형의 직장을 선호하는가? 그 이유는?
- QE에 대해 설명해 보라.
- QE의 핵심 목적은 무엇이라고 생각하는가?
- 법치주의에 대해 설명하고 그것이 지켜지지 않는 사례에 대해 설명해보라.
- 본인의 강점을 한 가지 키워드로 표현한다면?
- 영화 명량이 큰 흥행을 할 수 있었던 이유가 무엇이라고 생각하는가?
- 개천절에 대해 영어로 설명해 보라.
- 한글날에 대해 영어로 설명해 보라.
- 광복절에 대해 영어로 설명해 보라.

- 추석에 대해 영어로 설명해 보라.
- 문이과 통합에 대해 어떻게 생각하는가?
- 우리나라의 노동생산성이 낮은 이유가 뭐라고 생각하는가?
- 취업난의 원인이 뭐라고 생각하는가?
- 공기업이 아닌 사기업을 지원한 이유는?
- 각자 현재 취업 진행상황이 어떻게 되는지 말해보라.
- 마지막 한마디 or 질문

면접비는 2만원 주더라구요.
전체적으로 압박은 없고 편안한 분위기였으나,
질문 내용은 쉽지 않았습니다.
2시 반에 집합하여 종료 시간은 6시경이었습니다.

2.1.5. LG전자
Sales/Marketing

4명이 1조로 이루어지고, 40~50여분간의 면접 한번으로 1차면접은 끝입니다.

직무PT면접과 인성면접으로 이루어지고, 한 면접장에서 두 종류의 면접이 연달아 진행됩니다.

사전에 PT문제를 풀 시간이 25분 주어지고, 3분 이내로 발표해야 합니다. 문제지나 연습장, 풀이한 종이 등등은 어떠한 것도 면접장에 가지고 들어갈 수 없습니다.
PT문제는 다음과 같습니다.

LG전자는 해외시장을 확장하는 방안으로서 베스트샵과 같은 자체 Brandshop을 확장하는 방안과 현지 유통 in store 방식으로 입점하는 방안을 고민하고 있다. 그러나 지역마다 현지 유통기업의 시장장악력에 따라 두 방식은 장단점이 모두 있다. 둘 중 어떤 방안이 해외시장 확장에 적합하다고 생각하는지 1가지를 선택하여 논리적으로 설명하라. (준비시간 25분, 발표시간 3분)

면접장에 들어가면 4명이 각자 1분 자기소개를 하고, 3분간 순서대로 PT발표를 한 뒤 직무/인성면접이 진행됩니다. 질문의 난이도가 꽤 높습니다.

받은 질문 목록 (다른 면접자에게 질문한 것 포함)
- 자기소개
- 인턴근무 하는 동안 무슨 일을 했는가?
- 봉사활동을 한 경험이 있는가? 그 경험에 대해 말해보라.
- 4P 중 하나를 선택하여 LG전자의 마케팅 전략을 구상해 보라.
- STP전략을 LG전자에 어떻게 적용할 수 있겠는가?
- 엔저현상이 수출에 미치는 영향과 이에 대한 대응방안에 대해 말해보라.

- 해외시장에 진출할 때 현지 기업들의 영향력이 강하다면 어떤 전략을 취해야 하겠는가?
- LG전자의 제품을 써 본 적이 있는가? 그 제품의 장단점을 30초 이내에 말해보라.
- LG전자 베스트샵을 방문해 본 적이 있는가?
- 제습기가 포함된 에어컨을 출시하면 제습기의 판매량이 줄어든다. 이러한 현상을 극복할 수 있는 방안은 무엇인가?
- 휴대폰 전화번호부에 친구들이 몇 명 저장되어 있는가? 그 중 꾸준히 연락하는 친구는 몇 명인가? 정리해야할 친구는 몇 명인가?
- 세일즈와 마케팅을 본인만의 용어로 정의해 보라.
- 거래처와의 협상에서 협상력을 위해 가장 먼저 알아야 하는 것이 무엇인가?
- 세일즈에 가장 필요한 역량이 무엇이라고 생각하는가?

대기업 면접후기
현대자동차그룹

(임원면접(인성), PT+토론면접, 인성면접으로 진행됩니다.
5명이 조를 이뤄 조별로 면접을 치릅니다.

1. 인성면접

현대오토에버는 IT기업이라 자산이 사람뿐이라면서, 자사에서 일하는 모든 인력들을 굉장히 중요시하기 때문에 대표이사님이 인성면접에 반드시 참여하신다고 하는 점이 특이했습니다. 5:5면접이었는데 대표이사님이 가운데 자리에 앉으셔서 면접을 주도하시더군요. 대표이사님이 역사에 관심이 지대하셔서 '역사적으로 존경하는 인물은?'이라는 질문을 꼭 던진다고 합니다.(그전에 직원분께서 팁을 주셨는데 이순신, 세종대왕은 너무 식상하다고 하지 말라고 하더군요. 그런데 전 평소에 진짜로 이순신 장군을 존경해왔던 터라 그냥 이순신 했습니다.)

- 기억나는 질문
- 자기소개
- 역사적으로 존경하는 인물은?
- 같은 조 5명 지원자 중 반드시 본인을 뽑아야 하는 이유는?
- (본인만의 특출성)

나머지는 꼬리물기 질문이 대부분이었습니다.

2. 영어면접

영어면접은 이름은 잘 모르겠는데 현대그룹에서 자체 개발한 구조화 영어면접 시험이 있습니다. 그걸로 치는데 유형은 토익스피킹과 상당히 비슷하다고 합니다. (저는 토스를 안 치고 오픽만 쳐서 토스유형을 잘 모르겠더라구요) 원어민 두분이 직접 면접관으로 평가하십니다. 영어면접 질문 목록(기억이 몇 개 안나네요) 적어보겠습니다.

- 여름을 어떻게 보내는가?
- (M&A에 관한 신문기사를 읽어 주고) 요약해 보라
- 국가와 시민의 권리에 관한 질문이 하나 있었는데 정확하게 기억이 잘 안나네요.
- 아찔한 고공에서 일하는 엔지니어와 화염과 싸우는 소방관 중 더 위험한 직업은 뭐라고 생각하는가?

3. PT+토론면접

주제는 시사이슈입니다. PT 주제를 제비뽑기로 뽑습니다. 바꿀 기회는 한 번 주어졌습니다. 저는 처음에 뽑은 주제가 '내부고발'이라는 어마어마한 주제가 나와서 바꿨습니다. 바꾼 주제는 '행시 폐지'였습니다. 준비시간이 20분~30분 정도 주어지고(정확한 시간은 기억이 안나네요 ㅠ) A4종이에 요약을 하고, 그것 한 장만 들고 들어갈 수 있습니다. 발표는 구두발표이고 판서는 사용할 수 없습니다. 조원 5명이 한꺼번에 들어가서, 1인당 8분의 시간이 주어집니다. 본인 차례가 되면 먼저 4분동안 준비한 내용을 발표하고, 나머지 4분동안 조원 5명이 그 주제에 토론하고, 순서대로 차례가 돌아가는 방식입니다. 면접관들은 토론과정에 전혀 개입하지 않으시고, 스탑워치만 눌러주시고 스탑워치가 테이블 위에 올려져 있습니다.

　[5명의 PT주제]
- 미국 소수인종 우대법 폐지 합헌판결
- 주민등록번호 폐지 논란
- 범죄자에 대한 표현의 자유와 범죄자의 프라이버시
- 행정고시 축소 논란
- 배심원제도 도입 논란

처음에 제가 뽑았다 바꿨던 PT주제는 '내부고발'이었습니다.
또한 저랑 같이 면접스터디를 했던 스터디원 친구가 했던 주제는 '학교 앞 호텔건립 논란'이었다고 합니다.
면접비는 3만원 주더라구요.

2.2.2. 현대하이스코
국내영업

임원진이 면접관으로 참여하는 인성+시사면접 25분, 팀장급 실무진이 면접관으로 참여하는 전공심화면접 25분으로 구성됩니다. 직무별로 조를 이루어 조별로 면접에 참여합니다.

한 조는 최소 5명에서 최대 9명까지 다양하게 이루어져 있는데 사람이 이렇게 많은데 시간은 30분밖에 없기 때문에 자기소개 후 공통질문 2개 정도 받으면 끝납니다. 저희 조는 5명이었는데도 이정도였으니 8~9명인 조는 자기소개와 공통질문 1개로 끝났을 듯 하기도 합니다.

생각나는 질문들을 적어 보겠습니다.

(개인질문은 다른 지원자에게 질문한 것 포함)

[인성+시사면접 질문]
- (공통질문) 1분 자기소개
- (공통질문) 해외영업이 아닌 국내영업을 지원한 이유는 무엇인가?
- (공통질문) 최근 이슈가 되는 내부고발의 장단점에 대해 말해보라.
- (개인질문) 철강산업 업황이 안 좋은데 이를 타개하기 위해 국내영업에서 어떤 전략을 세워야 하겠는가?
- (개인질문) 총리후보자 안대희, 문창극이 사퇴하는 과정에서 후보자들에 대한 과도한 신상털기가 있었는데 이러한 신상털기에 대해 어떻게 생각하는가?

[전공심화면접 질문]
- (공통질문) 20초 자기소개
- (공통질문) 해외영업이 아닌 국내영업을 지원한 이유는 무엇인가?
- (공통질문) 현대하이스코의 제품과 수요산업에 대해 알고 있는가?
- (개인질문) 앞서 말한 것 외에 국내영업이 본인의 적성에 더욱 맞다고 생각한 다른 이유가 있는가?
- (개인질문) 봉사활동 시간이 굉장히 많은데 이를 시작하게 된 계기가 있는가?
- (개인질문) 다른 회사 인턴 경험이 있는데 어떤 일을 했고 무엇을 배웠는가?
- (개인질문) 현재 우리 회사 국내영업 분야에 여성 직원이 없는데 본인이 여성으로서 잘 할 수 있다고 생각하는가?

2.2.3. 현대엔지니어링
경영지원

계동본사에서 진행되며 3시간 반 정도 소요됩니다.
실무면접과 임원면접으로 구성돼 있고, 다대다면접입니다.
실무면접은 3:5(면접관 3, 지원자 5), 임원면접은 4:5(면접관 4, 지원자 5)
입니다. 저희 조는 1명이 결시하여 4명이서 들어갔습니다.

실무면접은 30분간 진행됩니다.

[받은 질문 목록(다른 지원자에게 질문한 것 포함)]
- 자기소개
- 우리 회사 지원서를 작성하면서 본인이 부족하다고 느꼈던 부분이 있는
  가?
- 본인을 둥글둥글한 성격이라고 표현했는데, 구체적으로 무슨 뜻인가?
- 상사가 지시를 내렸는데 본인이 검토한 결과 100% 상사가 틀린 것 같
  다. 어떻게 하겠는가?
- 우리 회사는 무차입 경영을 해오다가 최근 회사채를 발행했다. 자금조
  달을 위한 두 방법 중 어느 것이 더욱 적절하다고 생각하는가?
- 조직에서 문제가 발생한다면 시스템 탓이겠는가? 사람 탓이겠는가?
- (영업직무 지원자에게) 영업 직무에서 구체적으로 어떤 일을 하고 싶은
  가? 만일 해외에 나간다면 어떤 일을 하게 될 것 같은가?
- 입사 후 하고 싶은 일이 무엇인가?
- 본인을 반드시 뽑아야 하는 이유는?

PT면접의 주제는 지원자마다 다릅니다.
준비시간은 15분입니다. 제 주제는 아래와 같았습니다.

현장근무를 할 때, 현장관리자로서 외주비, 자재비, 기타비용 등 원가절감
방안에 대해 발표하고, 원가절감과 윤리적 규범이 충돌할 때의 대처방안
에 대해 발표하라

다른 지원자의 주제는 '신입사원의 퇴사에 따른 영향과 이를 막기 위한 방안', '재무회계와 관리회계의 차이점' '정부의 엔지니어링업 개입 사례와 영향'이 있었습니다.

임원면접은 30분에서 1시간 내외로 진행 시간은 면접관들의 재량에 따라 결정된다고 하셨습니다.

앉은 자리에서 PT발표를 하고 곧이어 인성면접이 진행됩니다.

[받은 질문 목록(다른 지원자에게 질문한 것 포함)]
- 만일 취업이나 금전적, 시간적 등등 모든 부분에서 아무런 걱정이나 부담 없이 대학교 졸업 후 완전한 자유를 얻는다면 본인이 가장 하고 싶은 일은 무엇인가?
- 우리 회사의 경쟁사에 대해 알고 있는가?
- 본인이 지원한 직무에 TO가 없다면 어떻게 할 것인가?
- 야구를 좋아하는가?
- 최근 한화 이글스에서 팬들의 강력한 요청에 의해 김성근으로 감독이 교체되었다. 이러한 사태의 원인이 무엇이라고 생각하는가?
- 만일 한화 이글스가 내년에도 꼴찌를 한다면 김성근 감독을 어떻게 하는 것이 좋겠는가?
- 지방이나 해외에서 근무하게 되어도 괜찮은가?
- (영업직무 지원자에게) 본인이 영업직무에 적합하다고 생각하는 이유는?
- 마지막 한마디

면접비는 무려 5만원이나 줍니다 ㅜㅜ 감동감동

대기업 면접후기
GS그룹

2.3.1. GS칼텍스
경영기획/지원

저는 GS칼텍스에 애초에 Trading/해외영업 직무로 지원하였는데,
인적성 검사 후 인사팀으로부터 경영기획/지원으로 지원분야를 바꾸라고
제안한 전화를 받아서 1차면접을 경영기획/지원으로 치르게 되었습니다.

경영기획/지원 직무는 다른 직무와 달리 영어면접이 포함되어 있습니다.
다른 직무에서 치르는 PT, 인성, 토론 면접 역시 치릅니다.

사실 원래 영어면접에 대한 이야기는 듣지 못했었다가, 면접 하루 전날 밤 8
시쯤 전화로 급작스럽게 통보받아서 당황했던 기억이 있네요. 영어면접은
점수에 반영되지는 않는다고 하니 크게 부담갖진 않으셔도 될 것 같습니다.

영어면접은 1:1로 20분간 진행되며, 일단 처음 들어가면 특정 주제를 주고
주제에 맞게 5분 정도 워드로 타이핑을 하는 과제가 있습니다. 과제를 한 후
에는 15분간 간단한 영어면접이 진행됩니다. 타이핑 과제는 이사진 미팅을
외국의 호텔에서 열려고 하는데 구체적인 세부사항들이 함께 제시되어 있
고 이 세부사항을 충족하기 위해 호텔에게 메일을 써 보라는 것이었습니다.
그다지 어려운 과제는 아닙니다.

[과제 후 영어면접 때 받은 질문 목록]
- 자기소개
- 본인의 약점
- 스트레스 해소 방법
- 회사의 일과 사적인 선약이 겹친다면 어떻게 할 것인가?
- 외국 경험이 있는가?
- 기타 자기소개서 경험 관련 질문 1~2가지

2.3.2. GS SHOP 경영지원
2.3.2.1. 1차 면접

1차 면접은 경복궁역 부근의 남촌리더십센터에서 진행되었습니다. 실무진 2:1 인성면접 20분과 토론면접 30분으로 진행됩니다.

1. 실무진 인성면접
면접관 2명, 면접자 1명의 2:1 방식으로 진행됩니다.

분위기는 매우 온화하고 부드럽고 화기애애합니다. 압박은 전혀 없습니다. 참고로 면접장 앞으로 인솔하여 면접장 앞에 대기석에 앉으면 그 자리에 역사관을 묻는 질문지가 놓여 있습니다. 면접이 시작하기 전까지 대기하는 동안 문제를 읽고 생각할 시간을 줍니다. GS그룹은 그룹 차원에서 한국사 역량을 강조하기 때문에 이러한 질문이 있는 것으로 생각됩니다.

제가 받은 질문은 다음과 같습니다.

[역사관 문제]
고려 말 요동정벌을 주장한 최영과 요동정벌을 반대한 이성계 중 본인이라면 어떤 입장을 취할 것인가? 요동정벌을 추진한다면 혼란한 중국의 상황 때문에 정벌에 성공할 수 있을 것으로 예상되고 그 결과 당신은 충신이 되어 안정적인 지위와 미래를 보장받을 것이다. 그러나 백성들의 삶은 더욱 피폐해질 것이며 백성들의 혼란은 더욱 가중될 것이다.

[2:1 면접에서 받은 질문모음]
- 경영지원 분야에서 구체적으로 어떤 일을 하고 싶은가? (경영기획이라고 답함)
- 경영기획 직무에서 어떤 일을 하는지 아는가?
- 자료와 정보를 분석한다고 하였는데 그러한 자료와 정보가 어디에서 얻어지는지 아는가?
- 경영기획 직무에서 가장 필요한 역량이 무엇이라고 생각하는가?
- GS SHOP의 현재 상황에서 어떤 경영전략을 취해야 하는가?
- 모바일 분야에서 강점을 보이는 이유가 소비자들이 모바일을 선호해서 GS SHOP이 그 분야의 역량을 높인 것이라고 생각하는가? 아니면 GS SHOP이 그 분야의 역량을 높여서 소비자들이 유입된 것이라고 생각하는가?
- GS SHOP의 새로운 먹거리는 무엇이라고 생각하는가?
- GS SHOP의 강점과 약점은 무엇이라고 생각하는가?

- 여태까지 말한 것을 제외하고 GS SHOP이 좋은 기업이라고 생각한 이유는?
- 현재 GS SHOP이 직면한 가장 큰 위협요인이 무엇이라고 생각하는가?

2. 토론면접

10명이서 진행됩니다. 가격 설정에 대해 판매자 집단과 구매자 집단으로 나누어 토론하는 방식입니다.

- 판매 대상 : GS SHOP의 실제 판매 제품인 오트리 베리너츠
- 제품에 대한 설명자료들이 주어져 있음(가격을 제외한 모든 정보)

- 10명이 모두 협의하여 해당 제품에 가장 적절하다고 생각되는 가격을 설정해 보시오. 결정된 가격의 액수는 중요치 않으며 설정의 근거가 합리적인지를 볼 것임. (10분)
- 이번에는 판매자 집단과 구매자 집단이 각각 (면접관이 집단을 나누어 줌) 해당 제품에 적절한 가격을 설정해보시오. (5분)
- 집단 간 토론을 통해 상대 집단에게 본인 집단이 설정한 가격의 타당성을 설득 하시오. (12분)
- 이번에는 각 집단이 각각 토론하여 상대 집단의 의견을 반영한 타협안(수정안) 을 정하시오. (5분)
- 최종적으로 집단 간 토론을 통해 양 집단이 모두 만족할 수 있는 가격을 합의하 시오. (3분)

- 가점 대상: 최종적으로 승리한 집단에겐 가점, 토론 과정에 적극 참여할 시 해 당 지원자 가점
- 감점 대상: 토론 과정에서 독단적 태도를 보일 시 해당 지원자 감점, 최종적으 로 두 집단이 모두 만족할 수 있는 합의안을 도출하지 못했을 시 두 집단 모두 감점

역시나 토론면접의 경우에는 공격성이나 모난 성격을 가진 지원자들을 걸 러내는 차원의 면접이기 때문에, 토론에서 이기려고 공격적인 태도를 보이 거나, 상대의 의견에 집요하게 반박하는 등의 태도는 보이지 않는 것이 좋습 니다. 최대한 둥글둥글하고 조화롭게 진행하면서 최종 결과에서도 양측 다 동의할 수 있는 원만한 합의를 이루는 것이 좋다고 생각합니다.
면접비는 2만원 줍니다.

2.3.2. GS SHOP 경영지원
2.3.2.2. 2차 면접

영등포 본사에서 진행되었으며,
다대다 임원면접입니다.

면접관은 5명이며 면접자는 6명이 들어갑니다.
이틀에 나누어 진행되며 제가 참여한 날은 오전은 경영지원 직무, 오후는 MD직무라고 들었습니다. 경영지원 직무 최종면접대상자가 60명인 듯 하니... 최종면접 치고는 배수가 매우 높은 것 같다는 생각이 드네요.ㅜㅜ

특별한 개인질문은 없었으며 면접자 6명이 답해야 하는 공통질문만 있었습니다.

받은 질문 목록 (모두 공통질문)
- 자기소개
- 자신이 A학점을 받은 과목에 대해 소개하고, 살아온 과정에 대해 말해보라.
- 어떤 유형의 인재가 조직에 필요한 인재라고 생각하는가?
- 혁신 기업의 사례를 말해보라.(애플, 구글 제외)
- 자신이 남들에 비해 '객관적'으로 잘 하는 것에 대해 말해보라. (주관적 성격, 성품 제외)

면접비는 3만원 주더라구요.

대기업 면접후기
기타

2.4. KT
SMB영업

분당본사에서 진행되었습니다.
3:1(면접관 3명, 면접자 1명)면접이며, PT면접과 직무역량면접을 한 면접장에서 동시에 진행합니다.

PT면접은 당일 문제를 주고 준비할 시간을 40분 줍니다. 준비된 컴퓨터로 MS-Word로 PT자료를 작성해서 4부를 출력해 본인이 한 부를 갖고 면접관들에게 한 부씩 드린 후 발표하는 방식입니다.

PT주제는 관련 자료가 모두 주어져 있고, 주어진 솔루션 5가지 중 고객사의 요구에 부합하는 2가지를 선택하고 그 근거를 논하는 것이었습니다. 고객사에 대한 자료와 고객사의 요구사항, 솔루션의 내용 모두가 문제지에 주어져 있기 때문에 사전에 따로 준비할 것은 전혀 없습니다.

면접장에 들어가면 PT면접 발표를 5분간 하고 이후 PT에 대한 질의응답 10분, 그리고 직무역량면접 25분 정도가 진행됩니다. 직무역량면접은 인성면접이라고 생각하시면 되며 자기소개서와 이력서에 기반한 내용들을 주로 물어봅니다.

받은 질문 목록

자기소개는 없습니다.
- 대학 시절 열정을 가지고 한 교내외활동이 있는가? (+활동 관련 추가 질문들)
- 대학 시절 자기계발을 위해 한 활동이 있는가? (+활동 관련 추가 질문들)
- 일반적인 Mass영업이 아닌 SMB영업을 지원한 이유는?
- SMB분야에 언제부터 관심을 갖고 있었는가?
- 다른 영업에 비해 SMB영업에서 중요한 것이 무엇이라고 생각하는가?
- SMB영업에 필요한 역량이 무엇이라고 생각하는가?
- 마지막 한마디

총 3시간 가량 소요된 것 같습니다. 면접비는 3만원 줍니다.

지원 직무는 공통 영업마케팅이었습니다.

오전조와 오후조로 나눠서 이루어지는데 오전조는 집합시간이 무려 7시까지입니다. 4시 반에 일어났네요..ㄷㄷ

직무역량면접, 임원면접, 인성검사로 이루어집니다.

직무역량면접은 PT면접이고, 주제 3개중에 하나를 골라 40분가량 준비시간이 주어지고 면접실에 들어가 4명의 면접관 앞에서 5분 정도 PT를 하는 방식입니다. 화이트보드는 사용이 가능하나 저는 사용하지 않았습니다. 면접실에는 준비시간에 주어지는 공식적인 준비용지 한 장만 들고 들어갈 수 있습니다.

PT면접 선택 주제로는 스마트홈에 관한 문제가 하나, 의료기기에 관한 문제가 하나 있었고, 제가 선택한 주제는 '스마트폰 시장이 포화 상태에 이르러 전망이 안 좋은데 이를 극복할 스마트폰 기기를 기획해 보라' 였습니다.

PT면접실에서 발표를 마친 이후엔 면접관들이 피티 내용에 관해서 질문을 몇 개 하다가, 그다음에 인성면접 질문으로 이어집니다. 이 두 개를 통틀어 직무역량면접이라고 하는 듯하고, 실무진이 면접관으로 참여하는 듯 합니다. 1:4로 면접관이 4명입니다. 그리고 다음으로 진행되는 임원면접인 면접관 3명, 면접자 1명인 1:3 면접입니다.

직무역량면접에서의 인성면접 질문과 임원면접에서의 인성면접 질문을 통틀어 기억나는 것들을 써보겠습니다.

두 인성면접을 통틀어 싸트 합격 후 제출하는 에세이에 대한 질문은 받지 않았던 것으로 기억합니다. 에세이를 안 읽는다는 느낌도 드네요.

- 자기소개
- 별명이 무엇인가? 그 이유는?
- 삼성전자의 마케팅의 약점은 무엇인지 알고 있는가?
- 두 학기동안 전공과목을 듣지 않았는데 그 이유는?
- 부전공으로 OO전공을 한 이유는?
- 부전공과 주전공 중 어느 전공이 적성에 더 맞는가?
- 삼성전자에서 스포츠를 활용한 마케팅을 다양하게 하고 있는데 혹시
  이에 대해 알고 있나?
- 어떤 부서에 들어가고 싶나?
- 영업마케팅 직무 중 특별히 해보고 싶은 일이 있는가?

그리고 컴퓨터를 통해 하는 CBT인성검사를 하였고, 평가에는 반영되지 않지만 자료수집용으로 하는 듯해 보였던 설문조사 비슷한 테스트도 하더라구요.

면접비는 3만원 줍니다.

오전 6시 10분에 종합운동장역에서 집합하여 용인에 있는 인재개발원으로 이동하여 인재개발원에서 면접을 치렀습니다.

SCSA분야는 1. 인성검사, 2. 임원면접, 3. PT/포트폴리오/실무면접으로 진행됩니다.
(면접 종류별 진행 순서는 개인마다 다릅니다)
포트폴리오는 사전에 제출한 것을 발표하는 형식이며, PT는 당일 문제가 주어집니다.

1. 임원면접

임원면접 때 받은 질문부터 써보겠습니다.
임원면접은 면접관 3명, 면접자 1명입니다.

- 자기소개
- 지원동기
- 소프트웨어에 예전부터 관심이 있었는가?
- 소프트웨어를 선택한 것은 인생에서 큰 변화일 텐데, 그 전에도 삶에서 큰 변화라고 할 만한 선택이 있었는가?
- 상반기 때 삼성전자 영업마케팅 면접에서 떨어진 이유가 뭐라고 생각하는가?
- 영업마케팅에서 소프트웨어로 희망직무를 급작스럽게 바꾼 이유가 무엇인가?
- 왜 기획/재무 같은 문과 직무가 아닌 소프트웨어 직무를 희망하는가?
- 대학원이나 고시 같은 것을 왜 하지 않는가?
- 부모님께 가장 효도했다고 생각하는 경험이 무엇인가?
- 그렇다면 부모님께 가장 잘못했다고 생각하는 경험이 무엇인가?

2. PT면접

문제 3가지 중 한가지를 선택하여 준비시간 50분 정도를 주고(정확히 몇분인지는 모르겠네요. 꽤 길었습니다) 풀이를 먼저 합니다. 풀이 시에는 제공된 연습지만을 이용해야 하고, 발표 때 풀이한 연습장은 갖고 들어갈 수 있으나 문제지는 갖고 들어갈 수 없습니다.

사전에 3가지 중 문제 1가지를 선택할 때는 자세한 전체 문제는 주어지지 않고, 대략적인 문제의 주제 정도만 주어집니다. 5분의 선택시간을 주고 한가지를 선택하면 이후 자세한 세부 문제지가 주어집니다.
선택을 위해 주어진 3문제의 대략적인 주제는 다음과 같습니다.

1. 기차에서 열차칸들이 뒤죽박죽이 되어버렸는데, 최단시간에 원상복귀
   시키는 방법
2. 2x1, 2x2블럭으로 2xN 블록을 채우기
3. 늘어서 있는 청기, 백기를 정해진 규칙에 따라 다 뽑기

저는 2번 문제를 선택했고,
자세한 문제는 아래와 같았습니다.

   2x1, 2x2 블록으로 2x16의 블록을 채울 수 있는 경우의 수를 구하고
   근거를 논리적으로 설명하여라.(단, 2x1블록은 눕힐 수도 있고 세울 수
   도 있으며 2x1, 2x2 블록 모두 개수는 무한대로 사용 가능)

였습니다. 꽤 어려웠습니다. 주어진 시간을 끝까지 소비해서 겨우 풀었네요.
물론 제대로 풀었는지는 모르겠지만..

그리고 PT/포트폴리오/실무면접이 한번에 진행됩니다.

PT는 앞서 풀이한 문제를 풀면 되는 것이고, 화이트보드 사용 가능합니다.
포트폴리오는 사전에 제출한 포트폴리오를 발표하면 됩니다.
4:1 면접으로 면접관 4명, 면접자 1명입니다.

그리고 남은 시간에 실무진 면접관들이 질문을 합니다.
받은 질문 목록은 다음과 같습니다.

- 소프트웨어에 대해 관심이 있었는가?
- 지속적으로 소프트웨어에 관심이 있었다는 것을 어떻게 증명할 수 있는가?
- 정보처리기능사 자격증을 취득했던 이유는?
- 소프트웨어 2~3년 하고 그만둘 것 아닌가?
- 포트폴리오 발표 시 SCSA에 선발되지 않는다면 타 대기업 전략기획팀에 입사할 것이라고 하였는데, 다른 기업들은 왜 문과 직무로 지원했는가?

면접비는 3만원 주더라구요.
소프트웨어에 대한 관심도와 열정을 중점적으로 보는 듯 했습니다.

2.6. 롯데호텔 경영지원

롯데호텔은 서류전형만 통과하면 인적성+PT면접+역량면접+실무면접이 모두 하루에 이루어지는 one-stop방식 면접입니다. 하루에 모든 운명이 결정납니다. 서류 경쟁률은 280:1이었다고 하고, 면접 대상자는 94명이었습니다.(일부 결시) 선발인원은 20명 안팎이라고 하더군요.

오전 7시 집합입니다. 시간이 상당히 일러서 서울에 살고 있음에도 불구하고 새벽 5시에 일어나야 했어요.

1. 적성검사(L-tab)

인성검사는 면접 전에 온라인으로 치르고, 면접 당일엔 적성검사 L-tab만 치릅니다. 문제 유형은 타 회사와 크게 다르지 않고, 난이도 또한 무난합니다. 별도로 준비할 필요는 없는 듯합니다.

푼 개수
언어이해 35/35
문제해결 30/30
자료해석 34/35
언어논리 32/35

인적성은 P/F만 판별한다고 하니 Pass만 한다면 크게 중요하진 않은 듯 합니다.

2. PT면접

오전에는 PT면접을 진행합니다. 문제지를 주고 해당 주제에 관해 20분간 제공된 노트북으로 PPT파일을 제작하고, 해당 PPT를 USB에 저장해 면접 장에서 7분간 발표하고 3분간 질문을 받는 형식입니다. 노트북은 인터넷은 되지 않으므로 오로지 배경지식과 문제지에 주어진 자료를 기반으로만 PPT를 만들어야 합니다. USB는 선물로 주더군요. ㅎ ㅎ

PT 자료 : 비즈니스호텔 진출 확대, 호텔업계 경쟁 심화, 롯데호텔이 차별화된 전략으로 고객 유치를 시도한다는 기사, 부동산 재벌들의 비즈니스호텔 사업진출 증가
질문 : 앞으로 롯데호텔이 나아가야 할 방향에 대해 발표하시오.

PT면접은 2:1(면접자 1명, 면접관 2명)로 진행됩니다.

PT면접을 끝나면 점심 도시락을 줍니다. 역대 제가 먹어본 도시락 중 최고 급입니다. 초호화도시락입니다. 반찬이 장어, 회, 왕새우, 불고기, 생선요리 등등... 놀랍습니다. 칫솔 치약도 줍니다.

3. 역량면접

점심식사 후에는 역량면접이 진행됩니다. 실무진 인성면접이라고 생각하시면 됩니다.
2:1방식으로 진행됩니다. (면접관 2명, 면접자 1명)

받은 질문 목록
- 롯데호텔에 지원한 이유는?
- 해외 경험이나 외국인과 함께 일한 경험이 있는가?
- 가보고 싶은 외국이 있는가? 그 이유는?
- 동아리에서 노력을 통해 성취를 얻은 경험은?
- 동아리에서 갈등을 겪은 경험이 있는가?
- 동아리에서 신입이 아닌 선배의 입장이었다면 후배를 어떻게 대했겠는가?
- 본인이 내향적인 성격이라고 했는데, 해외에 나가서 다양한 사람들과 교류해야 하는 상황이 와도 성공적으로 업무를 수행할 자신이 있는가?
- 놀이나 활동에서 특별한 아이디어를 내서 문제점을 개선한 경험이 있는가?
- 본인의 강점이 분석력이라고 했는데, 분석력을 발휘하여 성과를 낸 경험이 있는가?
- 독특한 봉사활동 경험이 있는데 이 경험에 대해 자세히 얘기해 달라.
- 봉사활동 과정에서 예상치 못한 어려움을 겪은 경험이 있는가?
- 봉사활동을 하면서 가장 기억에 남는 일은 무엇인가?
- 개인 동아리나 봉사활동 외에 팀 활동을 한 경험이 있는가?
- 팀 활동에서 개인적인 손해를 감수하고 팀을 위해 노력해서 성과를 얻어낸 경험이 있는가?
- 윤리적·도덕적 측면에서 유혹에 휩쓸린 적이나 유혹을 극복한 적이 있었는가?
- 본인이 윤리적·도덕적 측면에서 '이것만은 꼭 지킨다'라고 하는 것이 있다면?
- 만약 친구가 본인의 윤리적·도덕적 가치관에 어긋나는 행동을 한다면 어떻게 할 것인가?
- 마지막으로 하고 싶은 말?

4. 임원면접

임원분 3명과 면접자 3명이 들어가서 진행하는 3:3면접입니다.
공통질문 4개를 받고 3명이 4개의 질문에 대해 각자 한 번씩 대답하고 끝났습니다.

받은 질문 목록
- 롯데호텔에 지원한 동기와 입사 후 하고 싶은 일은?
- 동아리나 봉사활동에서 본인의 노력으로 어려움을 극복한 경험이 있는가?
- 본인의 강점은 무엇이라고 생각하는가?
- 롯데 하면 떠오르는 이미지는 무엇인가?

면접비도 5만원이나 주더군요.. ㅎㅎ 감사했습니다.ㅜㅜ

2.7. S-OIL
경영기획

면접자는 사무직 60명, 기술직 60명이었는데(일부 결시), 경쟁률을 물어보니 5:1이라고 하더군요. 하루에 전부 다 진행되었고 시간대를 4타임으로 나누어 15명씩 집합하고 5명씩 3조로 나누어 1조씩 면접을 치렀습니다. 면접은 30분간이었고 면접관들은 팀장급이라고 하셨습니다.

회사 관련된 질문은 전혀 없이 100% 순수 인성면접으로 진행되었습니다.(30분 인성으로 5배수를 거른다고 하니 하니 무엇으로 평가를 하는지 좀 의문..?이 들더라구요.. 미리 정해져 있는거 같기도 하고) 질문하시는 걸 보니 자소서는 안 갖고 계시거나 안 읽어 보신 것 같았습니다. 이력서 위주로 질문하시더군요. 압박은 전혀 없었고 매우매우 화기애애하고 친절한 분위기였습니다.

저희 조는 한명이 결시하여 5명이었습니다. 대충 질문들만 나열해 보겠습니다. 저에게 온 질문들 뿐만 아니라 다른 면접자들에게 했던 질문까지 생각해서 써 보겠습니다. 아, 면접비는 3만원 주더라고요.

받은 질문 목록(다른 지원자에게 질문한 것 포함)
- 1분 자기소개
- (연대생 면접자에게) 연대를 다니고 있는데 서울대 못 들어간 것에 대해 아쉬움이 큰 것 같은데?
- 본인의 진로 결정에 부모님이 어떤 영향을 미쳤는가?(공통질문)
- 본인의 단점이 무엇인가?
- 부전공으로 OO전공을 한 이유는?
- 부전공에서 배운 내용 중 가장 관심있는 내용은 무엇인가?
- (스노우보드 동아리 관련 질문) 위험을 즐기는 편인가?
- 마지막 한마디로서 인턴생활에서의 포부
- (외교학과 면접자에게) 외교기구에서 근무할 생각은 안 해 봤는가? 취업을 생각하게 된 이유는?
- 동아리를 한 학기밖에 하지 않았는데 그 이유는? (+꼬리물기 질문: 그렇다면 빨리 포기하는 성격인가?)
- 2년간 휴학을 한 이유는?

2.8. 코오롱인더스트리FnC
전략기획
2.8.1. 1차 면접

강남역 GT타워에서 면접을 치렀습니다.

면접 방식은 매우 독특합니다. 가상회의 방식입니다.

사전에 40페이지 정도 되는 분량의 가상의 사업 제안서? 사업 자료? 같은 것을 주고, 이것을 45분 동안 모두 숙지해야 합니다. 메모할 수 있는 연습장은 주어집니다.

현실과 다른 가상의 자료이기 때문에, 실제 현실 배경지식은 필요도 없고 사용해서도 안 됩니다. 오로지 주어진 자료만 이용해서 회의를 진행해야 합니다.

그리고 면접장에 혼자 들어가 면접관 2명과 해당 사업프로젝트에 관해 가상 회의를 진행하는 것입니다. 자료를 꼼꼼히 숙지하는 것이 중요합니다. 자료에 모든 내용이 다 나와있기 때문에 따로 면접을 준비할 것은 없습니다. 하지만 자료의 분량이 매우 많기 때문에 자료를 정확히 숙지하는 것은 쉽지 않습니다.

면접비는 3만원 줍니다.

2.8. 코오롱인더스트리FnC
전략기획
2.8.2. 2차 면접

강남역 GT타워에서 진행됩니다.
순수 면접시간은 15분이며, 대기시간 포함하면 1시간 반 정도 소요됩니다.

임원면접(인성면접)이며 8:1면접(면접관 8명, 면접자 1명)입니다.
안내해주시는 직원 분에 따르면 제로베이스라고 합니다.

받은 질문 목록
- 자기소개
- OOO장학재단에서 교외장학금을 대학 4년간 수상했는데 특별한 계기가 있었는가?
- 전략기획 직무를 희망한다고 했는데, 그러면 우리 회사가 취해야 할 경영전략이 무엇이라고 생각하는가?
- 해외시장에서의 경쟁력 강화를 위해 우리 회사에 가장 필요한 것이 무엇이라고 생각하는가?
- 인턴 경험이 없는데 이에 대해 설명해 달라.
- 패션 기업을 지원한 이유는?
- 회사가 당신을 뽑아야 하는 이유는?
- 착하고 모범적인 성격인 것 같은데 회사에서는 창의적이고 혁신적인 인재도 필요하다. 어떤가?
- 향후 2년 정도의 우리나라 경제 전망에 대해 어떻게 생각하는가?
- 다른 진로가 아닌 사기업 취업이라는 진로를 결정한 이유는?
- 다른 기업은 어디를 지원했는가?

면접비는 3만원 줍니다.

2.9. 동부대우전자 사업기획

대치동 동부금융센터에서 치렀습니다. PT면접과 다대다 인성면접(실무진)으로 구성됩니다. PT면접과 인성면접을 별도로 진행하는 것이 아니라, 3:4(면접관 3, 면접자 4명)로 한 방에 들어가서 개인별로 준비한 PT내용을 2분간 자리에 앉아서 발표하고, 연달아 인성면접이 이어지는 방식입니다. PT발표시간은 2분을 넘기면 불이익이 있다고 합니다.

PT면접 할 때는 스크립트와 메모한 종이를 비롯해 아무것도 소지가 불가능하고 판서 없이 앉아서 말로만 하는 것이니 발표 전 머릿속에 준비를 잘 해 놓는 것이 중요합니다. 면접 전 PT문제 3문제가 주어지고, 한 문제를 선택하여 대략 20~25분간 준비를 할 수 있습니다.(대기실에 들어오면 PT문제가 화이트보드에 쓰여 있는 구조이기 때문에 일찍 오시면 준비를 더욱 많이 할 수 있습니다.

PT문제는 지원 직군에 따라 각각 다릅니다. 경영 직군 PT문제는 다음과 같습니다.(3문제 중 한 문제 택일)

1. 매출 증진과 원가 절감 중 어느 것이 회사의 수익 창출에 더욱 도움이 된다고 생각하는가? 그 이유는?
2. 동부대우전자가 환위험을 피할 수 있는 환헷지 전략을 제시해 보라.
3. 동부대우전자에 대해 3C분석을 하고, 이를 기반으로 동부대우전자가 앞으로 성장할 수 있는 차별화 전략을 제시해 보라

기구 직군 PT문제도 얼핏 보았는데 대충 다음과 같습니다.(3문제 중 택일)

1. 최근 가전업계에서 융합이 화두가 되고 있는데 융합을 어떻게 활용할 수 있을 것으로 생각되는지 타 산업과의 융합을 기반으로 제품전략을 기획해 보라.
2. 최근 사물인터넷(IOT)이 화두가 되고 있는데 사물인터넷을 활용한 제품개발을 기획해 보라.
3. 가전제품을 쓸 때 불편했던 점이 무엇인지 말해보고, 이를 극복하기 위한 제품개발 전략을 제시해 보라.

저는 경영직군 PT문제 중 3번을 선택했고, 면접대기실 인사담당자 분이 말하시길 경영직군 PT면접 문제 2번을 고른 사람은 아무도 없었다고 하네요. (제가 4조였으니 뒷조에는 있을지도 모릅니다.)

PT면접 이후 인성면접이 연이어 진행되었습니다.

받은 질문 목록(다른 지원자에게 질문한 것 포함)
- 자기소개
- 왜 산다고 생각하시나요? (행복해지기 위하여 라고 대답)
- 행복해지기 위해 어떤 일을 하고 있는가?
- 봉사활동 경험이 있는데 이 경험을 통해 어떤 것을 배웠는가?
- 대학시절 시간을 투자해 어떤 일을 한 경험(ex)고시 경험, 자격증)은 없는가?
- (저 빼고 나머지 세 분 전부 HSK 6급 소지하신 분들ㅜㅜ) 다들 중국어를 잘하시는데 세 분 중 누가 가장 중국어를 잘할 것 같다고 생각하는가?
- 중국에서 창업한 경험이 있으신데 구체적으로 어떤 사업이었는가?
- 영업 관련 사업을 하셨는데 영업직이 아닌 경영직을 지원한 이유는?
- 원하는 직무(사업기획)이 아닌 다른 직무로 배치된다면 어떻게 하겠는?
- 경제학과 전공이신데 회계/재무에 대해 배웠는가?
- 경제학과 전공에서 통계에 관해서는 배웠는가?
- OOO장학재단에서 장학금을 받으셨는데 이 분(장학재단 이사)은 어떤 분이신가?
- PT면접 때 발표하신 전략 실행을 위해서는 자금조달이 필요한데 이 자금은 어떻게 충당하겠는가?
- 투자보다 원가절감이 중요하다고 하셨는데 투자 없이 성장이 이루어질 수 있다고 생각하는가?
- 마지막 한마디 / 질문

면접비는 2만원 주더라구요.

면접 대기시간이 거의 없이 시간을 매우 세밀하게 쪼개어 (1시간 단위) 면접 일정을 잡은 것 같더라구요. 거의 1시간 만에 면접이 끝났습니다.

금융권
면접후기

3.1. KB국민은행

면접은 천안연수원에서 진행됩니다. 따라서 천안까지 가야해요..ㅎㅎ 연수원이 혼자서 찾아갈 수 없는 상당히 외진 곳에 있기 때문에 KTX역이나 전철역에서 연수원까지 셔틀로 태워다 줍니다. 셔틀 시간에 늦으면 절대 안됩니다. 집합시간은 오전 8시 40분까지입니다.

이번 하반기에 언론에 보도된 국민은행 최종선발인원이 280~290명이었는데, 면접을 월~금 5일간 치르는데 제가 치는 월요일 기준으로 하루에 딱 그 인원수인 280~290명만큼 온 것 같더군요. 면접을 5일동안 치르니 정확히 5배수가 1차면접 대상자인 듯합니다.

면접은 3종류입니다. 통섭역량면접, 토론면접, Sales면접입니다.
비중은 통섭역량면접이 절대적일 정도로 가장 중요하다고 알고 있습니다.
저는 이걸 말아먹어서.... 마음 비워야겠네요.ㅜㅜ
조를 A조부터 G조까지 나누고, 해당 조별로 스케줄에 따라 이방 저방을 이동하면서 면접을 치르게 됩니다. 국민은행 면접은 블라인드(학교/이름을 가리고 진행되는 방식)이므로 이름이나 학교를 언급하면 안 되고, 각자 주어진 번호(저의 경우는 B-117)가 그날 하루동안 본인의 이름이 됩니다. 핸드폰, 태블릿, 노트북 등 외부와 교류할 수 있는 모든 전자기기들도 오전에 전부 수거해가고 면접 종료 이후 돌려줍니다.

정보의 유출과 교류를 막기 위해 조별로 동선을 철저히 통제합니다. 이방 저방을 옮겨다니는데 대기실에서 화장실을 이용할 때도 특정 화장실만 지정해 주고 그 화장실만 이용하도록 합니다. 그런데 직원분들은 정말로 굉장히 친절하더라구요.

통섭역량면접은 자소서 기반 질문과 경험이나 가치관을 묻는 질문이 합쳐진 인성면접 형식입니다. 그리고 지원서를 작성할 때 기입한 '최근에 읽은 인문학 도서 목록(10권)'에 대한 질문이 나옵니다. 이 질문은 책의 내용을 묻는 질문은 아니고, 자신의 가치관을 묻는 질문이므로 큰 걱정은 안하셔도 될거 같습니다. 저는 책을 8권이나 써서 책 읽느라 상당히 고생했는데 책에 관해서는 정말 가벼운 마음으로 준비하면 됩니다.

1. 통섭역량면접

받은 질문 목록(다른 지원자에게 질문한 것 포함)

- 경영학을 부전공하였다고 적었는데, 경영학이란 무엇이라고 생각하는가? 정의해 보라.
- 국민은행에서 거래하는 고객이 몇 명이나 된다고 생각하는가?
- 국사학을 부전공으로 선택한 이유는?
- 국민은행 행원이 되기 위해 필요한 역량으로 공감능력을 적었는데, 공감능력보다는 높은 지적 수준을 가진 똑똑한 인재가 더 도움이 되지 않겠는가?
- 자소서 항목 중에서 영업점 근무 시 겪게 될 가장 큰 어려움으로 제한된 창구에 여러 고객이 몰리는 병목현상을 적었는데, 이러한 병목현상을 해결할 수 있는 방안에는 무엇이 있겠는가?
- 최근에 읽은 인문학 서적으로 〈총균쇠〉를 적었는데, 이 저자는 유럽과 다른 대륙의 격차를 만든 원인이 총균쇠라고 지목하고 있다. 본인이 생각하기에 만약 오늘날의 현대 사회에 총균쇠 같은 존재가 있다면 그것은 무엇이라고 생각하는가? (시대의 흐름과 트렌드의 변화를 읽는 통찰력이라고 대답)
- 그렇다면 현재 우리나라 기업들은 그러한 통찰력을 잘 발휘하고 있다고 생각하는가?
- KB국민은행의 경우는 어떠하다고 생각하는가?
- 최근에 읽은 인문학 서적으로 〈모모〉를 적었는데, 현대 사회의 회색신사와 같은 존재가 있다면 그것은 무엇이라고 생각하는가?
- 최근에 읽은 인문학 서적으로 〈안나 카레니나〉를 적었는데, 만약 본인이 안나 카레니나의 입장이었다면 최후의 결말 부분에서 안나 카레니나와 같은 선택(기차에 뛰어들어 자살)을 했겠는가? 아니면 다른 선택을 했겠는가?
- 최근에 읽은 인문학 서적으로 〈군주론〉을 적었는데, 여기서 말하고 있는 군주에게 필요한 덕목은 무엇인가? 그리고 그러한 덕목이 현대사회에 리더에게도 그대로 적용된다고 생각하는가?
- 은행원이 되기 위해 어떤 별도의 준비를 하였는가?

책과 관련된 질문은 개인당 1개씩입니다.(저같은 경우는 총균쇠였고 위에 적어놓은 바와 같이 꼬리물기 질문이 있었어요.) 5명이 들어갔는데 나머지 한명은 무슨 책 질문을 받았는지 기억이 나질 않네요.

2. Sales면접

다음으로 진행한 Sales면접은, 구체적으로 어떤 방식으로 진행되는지 세부적인 내용이 전혀 공지가 되지 않고 알려지지도 않아 면접 전 수많은 카더라와 추측이 난무했던 면접입니다. 하지만 가장 쉽고 부담없는 면접이었어요.

앞서 A~G조로 나눈 조별로 치릅니다. 한 조당 10명이지만 저희 조는 한명이 결시해서 9명이었습니다. 5명씩 두 팀으로 또다시 조를 나눕니다. 그리고 각 조에게 국민은행의 모든 상품에 대한 정보를 모아놓은 클리어 파일을 줍니다. 그리고 특정 사례로 한 고객유형을 제시하고, 해당 고객의 상황에 맞는 상품을 하나 혹은 하나 이상 선택하여 판매자 입장에서 팔거나 고객 입장에서 사는 롤플레잉 형식의 면접입니다.

> **문제 사례** : A씨는 최근 이직한 30대 초반의 직장인이다. 점심시간에 은행을 찾았는데 사람이 많아 10분동안 대기하였다. A씨는 직장생활 때문에 시간여유가 없는 상황이므로 창구가 아닌 온라인으로 은행 이용을 하고 싶어한다.

여기서 뽑아낼 수 있는 핵심 정보는 이직, 직장인, 30대 초반, 10분 대기, 온라인 정도로 압축할 수 있습니다.

각 조별로 20분간 시간을 주고 클리어파일 자료를 활용하여 적합한 상품을 선택하고 그 상품의 정보를 숙지해야 합니다.
그리고 5명으로 나누어진 각 조가 한번은 판매자가 되고, 한명은 구매자가 되어 둘씩 짝을 지어 1:1로 직접 해당 상품을 팔거나 사는 롤플레잉을 하면 됩니다.(첫 10분은 판매자 역할, 뒤에 10분은 구매자 역할 방식으로 두 번의 롤플레잉을 합니다.) 면접관은 진행과정에 전혀 개입하지 않고, 진행하는 모습을 지켜보면서 평가만 합니다.

저희는 결시자가 한명 있어서 9명이었기 때문에 한명의 경우에는 짝이 없었는데, 첫 10분은 롤플레잉을 하지 않고 쉬라고 지시하였고 두 번째 10분에는 면접관이 평가 대신 고객의 역할로 롤플레잉을 대신 해준걸로 봐서 이 면접의 비중은 그다지 크지 않은거 같다는 생각도 드네요. 아무튼 그다지 어렵지 않습니다.
그리고 면접이 끝나면 한명당 1분 정도씩 간단한 소감을 말하라고 합니다.

3. 토론 면접

10명이서 원탁에 둘러앉습니다. 토론 주제가 적힌 문제지가 있고, 이 문제지를 보고 각자 1분간 생각을 정리한 뒤 찬-반을 나눕니다. 한쪽으로 쏠리지 않도록 자율적으로 찬-반을 정합니다. 한쪽으로 쏠리면 균형잡히도록 다시 찬-반을 정하라고 합니다.

그리고 한명씩 모두발언을 합니다. 모두발언이 끝나면 자율적으로 40여분간 토론합니다. 면접관은 토론과정에 전혀 개입하지 않고, 평가만 합니다. 앞서도 말씀드렸다시피 토론 면접은 조화를 이루고 화합하는 성향을 평가하는 것이므로 지나친 공격이나 반박은 삼가고 둥글둥글하고 차분하게 말하는 것이 좋습니다. 역시 마지막에는 양측이 모두 동의할 수 있는 합의점이나 결론을 찾으며 끝맺음하는 것이 좋다고 생각됩니다.

> **토론 주제** : 최근 SNS를 사용하는 유명 연예인이나 스포츠 스타들이 잘못된 SNS사용으로 구설수를 일으키는 경우가 많다. 이런 문제에 대해 맨체스터 유나이티드의 전 감독이었던 알렉스 퍼거슨은 'SNS는 인생의 낭비다'라고 말한 바 있다. 당신은 이 말에 동의하는가?

처음에 저희 조는 반대8-찬성1로 한쪽에 쏠렸기 때문에 찬-반 비율을 다시 조정해야 했고 다시 조정한 결과 찬성5-반대4가 되었습니다.

토론 3가지를 모두 마치면 면접이 종료되고, 역시 종료 후에도 역까지 셔틀버스로 태워다 줍니다. 면접비는 5만원 줍니다.

3.2. SGI서울보증

종로 본사에서 시행되며, 경영+경제를 합쳐서 대략 6배수 정도가 1차면접 대상자인 것으로 파악됩니다. 오전 1개 타임, 오후 2개 타임으로 이틀간 진행됩니다. 저는 오후 첫 번째 타임이었습니다. 김밥, 샌드위치, 다과, 음료 등 다양한 간식을 자유롭게 먹을 수 있습니다. 토의면접과 역량(경험)면접의 두 가지 면접으로 구성됩니다. 한 조당 3명으로 구성되어 토의면접은 두 조가 합쳐서 6명씩 면접을 보고, 역량(경험)면접은 한 조 3명씩 면접을 봅니다. 스케줄에 따라 토의면접을 먼저 보는 조도 있고, 역량(경험)면접을 먼저 보는 조도 있습니다. 저는 토의면접을 먼저, 역량(경험)면접을 나중에 보게 되었습니다.

1. 토의면접

블라인드 면접으로 진행되기 때문에 이름이 적힌 명찰이 아닌 1번~6번의 번호가 적힌 명찰을 착용하고 들어갑니다. 두 조가 합쳐서 6명씩 면접을 봅니다. 상자에서 공을 뽑아서 주제를 선택하고, 선택한 주제에 대한 제시문이 적힌 문제지를 배부받고 10분간 노트에 생각을 정리할 시간이 주어집니다. 토론면접은 30분간 진행되며, 1명씩 모두발언-전체 자유토론-1명씩 마무리발언으로 진행됩니다. 면접관은 4명이며, 면접관은 토의과정에 개입하지 않습니다.

저희 조가 선택했던 주제는 다음과 같습니다.

토의면접 주제 : 두 배 이상의 보증금/월세를 요구하는 임대인의 일방적인 퇴거요청으로 인해 폐업해야 하는 책방의 사례. 이러한 임대인-임차인 사이의 갈등에 대해 토의해 보라.

2. 역량(경험)면접

4:3의 다대다 면접입니다.(면접관 부서장급 4명, 지원자 3명) 철저히 블라인드로 진행되어 토의면접과 마찬가지로 이름이 적힌 명찰이 아닌 1번, 2번, 3번이 적힌 명찰을 차고 들어갑니다. 블라인드 면접이기 때문에 학교명, 가족관계 등에 대한 언급은 금지됩니다. 면접관들에게는 인적사항과 자기소개서는 제공되지 않고 교육사항과 경력/경험기술서만 제공되고, 이를 기반으로 역량(경험)면접이 진행됩니다. 1분 자기소개는 하지 않고, 오로지 면접관과 지원자의 질의응답만으로 지원합니다.

받은 질문 목록(다른 지원자에게 질문한 것 포함)
- 지원한 직무의 전문성을 쌓기 위해서 노력한 경험이 있는가?
- 이전에 다니던 좋은 회사에서 퇴사한 이유는?
- 안정적인 직장을 퇴사하고 무한경쟁의 취업시장으로 진입한 선택에 대해 후회하지 않는가?
- 조직이나 팀에서 리더십을 발휘한 경험이 있는가?
- 인턴 생활 동안의 문제해결 경험에 대해 말해보라.
- 인턴 생활 동안 가장 힘들었던 경험은 무엇인가?
- 조직이나 팀에서 리더 혹은 팀원으로서 성과를 낸 경험이 있는가?
- 마지막 한마디

면접비는 3만원(?) 줬던 걸로 기억합니다.

3.3. 신영증권

인턴으로는 한 자릿수를 선발한다고 공지되었고, 총 면접인원은 19명이었습니다. 제 시간대에는 저 포함 두 명이 왔습니다.

면접자 한 명이 들어가고, 면접관은 두 명입니다. PT면접+인성면접으로 진행됩니다. PT문제는 세 문제 중 한 문제를 택하는 것이었습니다.

1. 올해 경제 관련 이슈를 한 가지 말하기, 이 이슈가 증권업에 미치는 영향에 대해 설명하시오.
2. 증권사와 은행을 비교했을 때, 상대적으로 우위를 지닐 수 있는 분야와 약점으로 작용하는 분야는 무엇이라고 생각하는가?
3. 금융업에서 수익모델의 다변화 방안은 무엇이라고 생각하는가?

저는 2번문제를 선택했습니다. 제가 발표한 내용의 핵심은, 은행은 안정성 측면에서 유리하고증권사는 전문성 측면에서 유리하다는 것이었습니다. PT면접과 인성면접이 각각 다른 면접장에서 진행되는 것이 아니라, 면접관 두 명이 계시는 면접장에 들어간 후 앉아서 말로 PT를 하고 PT가 끝나면 곧바로 그 자리에서 인성면접을 하는 방식입니다.

면접관 두 분이 실무진인지 임원진인지는 모르겠지만 사전에 공지된 면접 이름이 '실무면접'이었기 때문에 실무진이 아닐까 추측합니다.

인성면접에서 받은 질문 목록
- 팀활동에서 조직을 이끌어나가는 타입인가? 아니면 다른 리더를 따라가는 타입인가?
- 논란이 되었던 홍명보 감독의 월드컵 선수선발에 대해 어떻게 생각하는가?
- (제가 금융자격증이 하나도 없었습니다) 자격증이 하나도 없는데 준비가 안 돼 있는 것이 아닌가?
- 증권업에는 언제부터 관심을 갖기 시작했는가?
- 증권사에 입사한다면 어떤 일을 하고 싶은가?
- 인턴을 원래 8월 한 달간 하게 되어있는데 수료 후 좋은 평을 받아 12월까지 계속 인턴을 해달라는 제안을 받으면 어떻게 할 것인가?
- 다양한 활동을 한 것 같은데 구체적으로 어떤 분야에 관심과 흥미가 있는가?

면접비는 3만원 주더라고요.

공공기관
교직원
면접후기

4.1. 서울시설공단

상경 분야 최종 선발예정인원이 7명인데 1차면접 대상자가 25명이었습니다.
당초 공지된 4배수보다 약간 적은 인원이었습니다.

5명씩 5개의 시간대로 나눠서 8시반, 9시반, 10시반, 11시반, (점심시간 후) 1시반 각각 5명씩 3:5면접을 하게 됩니다.(면접관 3명) 개인마다 시간대에 맞게 시간이 공지되므로 대기시간은 그렇게 길지 않습니다. 대기시간 15~20분, 면접시간 25~30분 가량 소요됩니다. 본인의 면접이 끝나면 바로 귀가하면 됩니다. 면접 당일 저녁 6시 이후 바로 결과가 발표됩니다.

직무역량면접의 형식으로 진행되었습니다.

직무역량면접 받은 질문 목록(다른 지원자에게 질문한 것 포함)
- 자기소개
- 공사와 공단의 차이점은?
- 공공관리 시설과 민영관리 시설의 차이점은?
- 통상임금 판결의 기준이 뭐라고 생각하는가?
- 노동자의 쟁의행위와 단체행동의 차이가 뭐라고 생각하는가?
- 집회와 결사의 차이가 뭐라고 생각하는가?
- 서울시설공단의 사업장 중 어느 사업장에서 일하고 싶은가?
- 서울시설공단에서 관리하는 공원/경기장의 잔디가 많이 패여 있다는 것을 아는가? 원인이 뭐라고 생각하는가? 해결 방안은?
- 상경 지원자들이라 질문합니다. 회계/재무 업무를 하다가 분식회계일 가능성이 높은 부분을 발견했다. 처리기준을 찾아봐도 명확한 기준을 찾기 힘들다. 어떻게 대처할 것인가?
- 위에서 질문한 해당 부분에 대해 상사의 결정과 내 판단이 다를 경우엔 어떻게 할 것인가?

면접비는 안 줍니다.

4.2. 근로복지공단

근로복지공단은 1차, 2차 구분 없이 한 번의 면접만 치러집니다. 15분 가량의 직무역량면접, 50분동안의 인성검사로 진행됩니다. 인성검사는 서류 지원 당시 했던 인성검사와 동일한 인성검사를 현장에서 노트PC를 이용해 온라인으로 한 번 더 시행합니다.

15분 동안의 직무역량면접은 3:1(면접관 3명, 면접자 1명)의 형식으로 실시됩니다.
직무역량면접에서 받았던 질문의 목록은 아래와 같습니다.

- 근로복지공단에 지원한 동기
- 본인이 면접을 준비하면서 근로복지공단에 대해 알게 된 부분
- 면접준비를 위해 공단에 대해 조사할 때 주로 어떤 방식을 이용했는가?
- 근로복지공단의 인재상을 아는가?
- 조직에서 리더로 활동한 경험이 있는가?
- 해당 경험에서 조직 내의 갈등을 겪었던 경험이 있는가?
- 회사에서의 경험을 말했는데, 회사 이외의 다른 곳에서 조직 내의 갈등을 겪었던 적이 있는가?
- 이전 직장을 퇴사하고 이직을 준비하게 된 이유는?
- 본인의 전공이 근로복지공단의 업무와 어떤 면에서 도움이 될 수 있다고 생각하는가?
- 공단에 대민업무가 많은데 본인이 대민업무를 잘 할 수 있다는 이유를 어필해 보라.
- 대민업무 수행 과정에서 조직의 내부 규정과 충돌이 생긴다면 어떻게 해결할 것인가?

면접비는 2만원 줍니다.

4.3. 건국대학교 교직원

PT+질의응답 15분 면접과 실무진면접 15분으로 진행됩니다. 두 면접 모두 다대일(지원자 한명, 면접관 6~7명)으로 진행되며, 대기시간은 거의 없고 두 가지 면접을 모두 마친 사람은 먼저 귀가할 수 있습니다. 면접비는 2만원 줍니다.

1. PT+질의응답 면접

PT주제는 사전에 공지가 되고 미리 PPT자료를 만들어서 메일로 제출해야 합니다. 면접장에 들어가면 제출한 PPT가 띄워져 있고 해당 PPT 앞에서 발표를 5분간 한 뒤 10분간 PT내용에 대해 다대일로 질의응답 면접을 합니다. 시간은 칼같이 5분 준수 여부가 체크됩니다. 사전에 공지된 PT면접 주제는 다음과 같습니다.

- 건국대학교의 대/내외 환경을 분석하고 기회/위기 요인을 확인 제시하고
- 대학행정(경영) 영역(예: 국제화, 발전기금유치, 대외홍보, 수익사업, 행정 전산화, 기타)을 중심으로
- 건국대학교의 경쟁 우위 확보 방안을 구체적으로 제시하시기 바랍니다.

PT면접 이후 질의응답 면접에서 제가 받았던 질문은 아래와 같습니다.

- IoT기술을 활용한다고 하였는데 구체적으로 IoT기술이 무엇인가?
- 건국대학교의 교육과정과 IoT기술의 관련성은 무엇인가?
- 다른 지원자들은 PPT를 여러 페이지 만들었는데 PPT 페이지 수가 2페이지밖에 되지 않는 이유는?
- 제시한 발표 내용이 원론적이고 일반론적인데 구체적인 통계자료에 대해 알고 있는가?
- 발표했던 방안들이 다 재정적 지출이 큰 방안들인데 재원 마련 방안을 제시해 보라.
- 언급했던 위기 요인 중 재정적 측면에 대해서 재원 마련과 수익 창출 방안을 제시해 보라.
- 외국인 유학생에 대한 장학금 확충을 이야기했는데 현재 외국인 유학생에 대한 장학금 지출 현황이 어떻게 되는지 구체적으로 알고 있는가?
- 외국인 유학생에 대한 방안 중 질적인 측면을 고려해서 외국인 유학생을 선발하면 양적인 측면에서 문제가 생길 수 있다. 해결책은?

2. 실무진면접

실무진면접에서는 7명의 면접관과 다대일로 면접을 치릅니다. 제가 받았던 질문은 아래와 같습니다.

- 건국대학교가 발전을 위해 현재 추진하고 있는 사업이나 전략에 대해 얘기해보라.
- 건국대학교 조직구조에 대해 아는 대로 말해보라. 어떤 부처들이 있는가?
- 다른 대학교는 어디 지원했는가? 해당 대학교의 진행 상황은?
- 대학교 이외에 다른 기업은 어디 지원했는가? 해당 기업들의 진행 상황은?
- 해당 회사 붙으면 거기 갈 것 아닌가? 둘 다 붙었을 때 건국대학교에 올 특별한 이유가 있는가? 우리는 건국대학교에 열정이 있고 건국대학교를 위해 헌신할 수 있는 사람을 원한다.
- 여유롭고 삶을 챙길 수 있는 편한 삶을 위해서 교직원에 지원한 것이 아닌가?
- 본인 삶의 생활신조가 무엇인가? 해당 생활신조가 교직원 업무에서 어떤 의미가 있는가?
- 야구부 활동 경험이 있는데, 포지션이 무엇이었는가?
- 자기소개서 문항 중 건국대학교의 교육이념인 '성, 신, 의' 관련 문항을 어떻게 작성했는지 기억나는가?
- 해당 문항에 '성'이나 '의'가 아닌 '신'과 관련해서 서술한 이유는?
- 교직원의 역할을 한마디로 정의한다면?

맺음말

가장 어두운 새벽이 끝나면 아침이 옵니다.
가장 길고 어두운 터널의 끝에는
가장 밝은 눈부신 빛이 기다리고 있습니다.

취업을 준비하며 가장 힘들고 어려운 부분은
당장 한 달 뒤에 내가 어디서 무엇을 하고 있을지 전혀 모른다는
미래에 대한 불확실성과,
그 기약이 정해져 있지 않다는 막연함 때문일 것입니다.

하지만 터널도 마찬가지입니다.
한참 긴 터널을 지나다보면 그 터널 끝에 무엇이 있을지 예상할 수 없고,
이 터널이 언제 끝날지 예상할 수 없지만,
아무리 긴 터널도 반드시 끝이 있고,
더욱더 길고 어두운 터널일수록
  그 끝에는 몇 배로 더 밝은 눈부신 빛이 기다리고 있습니다.

여러분은 지금까지 잘 해오셨습니다.
지금도, 그 누구보다도 가장 잘 하고 계십니다.
그리고 앞으로도 지금껏 그래오셨던 것처럼 누구보다도 잘 해내실 것이고,
지금의 이 가장 힘들고 고통스러운 순간을
멀지 않은 미래에 밝게 웃으며 추억하고 회상할 수 있는
행복을 반드시 얻게 되실 것입니다.

여러분은 누군가에겐 세계에서 가장 위대하고 소중한 존재입니다.
힘내라, 기운내라 할 수 있다는 형식적인 응원 대신
한가지 당부의 말씀만 드리겠습니다.
후회 없이 할 수 있는 모든 걸 쏟아내십시오.
결과는 분명히 보답할 것입니다.